JN439161

꽃길만 걸어요

이정희 시집

계간문예

꽃길만 걸어요

| 시인의 말 |

코로나19로 긴 겨울을 집 안에서 보내야 했습니다. 갑갑하고 지루할 뻔했던 시간이었지만, 두 번째 시집을 준비하면서 나름 설렜습니다.

내 마음도 계절 따라 봄입니다. 봄은 만물이 소생하는 계절이듯이, 내 가슴에도 새싹이 돋아납니다.

늦었다고 생각할 때가 가장 빠르다고 합니다. 아산에서 서울까지 가깝지 않은 거리를 오가면서 글공부를 하는 재미가 쏠쏠합니다. 가끔 적지 않은 나이까지 잊을 정도로 하루하루가 즐겁고 행복합니다. 나의 찐팬인 손녀 하윤, 현서와 손자 현우, 현민에게 자랑스러운 할머니가 되기 위해서 좋은 글을 계속 쓰고 싶습니다.

앞으로 나아가지 못하고 제자리에서 동동거리는 나에게, 하나하나 지도해 주신 김창완 교수님께 감사의 인사를 정중히 올립니다.

격려해 주시고, 용기를 북돋아 주시는 계간문예창작원 가족 여러분께도 감사드립니다. 졸작을 세상에 나올 수 있도록, 여러모로 도와주신 차윤옥 시인께도 고맙다는 인사를 드립니다.

2021년 6월 아산에서

請霞 李貞熙

차 례

2부 시의 나라

3부 바람의 노래

4부 실타래

5부 홀로 앉아서

1부

꽃길만 걸어요

꽃길만 걸어요

열 살 손녀 하윤이가
내 손을 꼬옥 잡고 말한다
"꽃길만 걸어요"

내 가슴 뭉클했고
눈시울도 더워졌다
'어느새 이렇게 컸을까'

사랑하는 하윤아
먼 길 더 먼 길
"너도 꽃길만 걸어라"

여수 밤바다

사랑하는 큰아들과 며느리
손녀 하윤과 바다를 걷고 있다

가슴은 풍선처럼 부풀고
지나가는 사람도 정겹다

행복감에 젖어 환한 얼굴
검푸른 바닷물에 감동한다

오색 불빛에 내 마음도
한들한들 무지갯빛 된다

흐르는 물길 따라
우리의 마음도 따라 춤추고

여수 밤바다 운치에 취해
흥겨운 노래도 저절로 흐른다

나는 지금
여수 밤바다 여수 밤바다

표창장

종업식 날
독서부문 표창장 받았다

초등학교 3학년 예쁜 하윤이는
책 읽기가 취미이다

동사무소 도서관 단골손님
하윤이의 책 읽는 모습은
아름다운 천사를 닮았다

책 속에는 예쁜 하윤이의
미래가 들어 있다

축구선수

현민이는 손흥민 선수를 좋아한다

노랑색 유니폼 갖춰 입고
수차례 축구시합에 참가하여
우승했다고 자랑이다

축구선수가 꿈인 현민이는
다치지 않기를 바라는
할미의 마음 알고 있을까

유니폼의 당당함을 세계에 떨칠
정직한 땀의 주인공
현민 축구선수를 응원한다

정인나무

16개월 살다 흙으로 돌아간 정인나무
해맑은 웃음 보는 것조차 미안하다
세 번의 기회가 있었다는 보도에 그만
하던 일 멈추고 부르르 떨었다

눈물로도 미안함을 대신할 수 없는
매운 가슴 알알이 톡톡 터뜨려본다
추모객들 가슴엔 정인꽃 한 송이
내 가슴엔 후회의 꽃다발 한아름

미안하다 정말 미안하다 속울음 울어도
들어주는 이 없어 더욱 애달프다
내세에 만나면 잘해 줄게 약속하며
새끼손가락 대신 심장을 보여주리라

이제 실컷 뛰어 놀고 아파하지 말아라
웃고 싶으면 목젖 보이게 웃고
친구들과 얼굴 맞대고 손뼉 치며
귀여운 율동으로 마음껏 즐기거라

주말농장

오늘은 신나는 운동회 날

시범으로 고구마는 포복훈련
옥수수는 집총 마스게임 선보인다

방울토마토 따 먹기 게임
상추쌈은 삼겹살 파티 준비한다

막걸리 한잔과 오이 맛이 버무려져
밭고랑의 긴 의자는 대만원이다

지금처럼

더도 덜도 말고
지금처럼

오늘도 칭찬 듣고
기분이 날아갈 듯하다

수고했다는
그 말 한마디에
힘과 용기가 용솟음치고

더 잘하고 싶은 욕심
그를 위한 보너스가 된다

그래 잘했어
지금이 딱 좋아!

사랑초

올해는 못 볼 줄 알았던
사랑초가 고개 내밀고 활짝 웃는다

내가 좋아하는 사랑초
나를 배신하지 않았다

예전보다 더 싱그럽게
나를 맞이하는 사랑초의 미소

겨우내 미안했다고
화분 갈이 하며 수선 피운다

은가루 금가루 뿌려놓고
아침 햇살 심어주니

사랑초꽃 피고 지고
내 사랑도 피고 진다

풀꽃

땅이 예서 제서 들썩거린다
풀씨 심은 사람 없고
물 한 번 준 적 없는데

봄이 왔다고 수군수군
어서 일어나라고 재촉한다

산에 들에 앞 다투어 피어나는
풀꽃의 향연에 봄도 들썩들썩

나는 보라색 옷 입을래요
나는 노란색 옷 주세요
나는 흰색 옷이 어울리겠지요

풀잎

풀잎 우산 쓰고
걸음 재촉한다

비 내릴 때는
풀잎 우산이
최고라고 말했더니

지나가던
바람과 구름
입을 삐죽거린다

풀잎 가족

해가 뉘엿뉘엿
풀잎 가족
시집 펼친다

까치놀을
머리에 이고
시를 외운다

“나는 이 시가 좋아”
아빠 풀잎이
시 낭송한다

바스락 바스락
바람도
귀 기울이고

“나는 이 시가 좋아”
이슬에 젖은
엄마 풀잎
풋풋함 자랑하고

풀잎 가족
시 낭송으로
밤은 점점 깊어간다

가위 바위 보

고사리손 하윤이는 가위
두툼한 손 큰아들은 바위
쭈글쭈글 내 손은 보

다시 가위 바위 보
하윤이가 이겼다
한 칸 두 칸 세 칸
열 칸을 먼저 올라갔다

가위 바위 보
큰아들도 열 칸 올라갔다
가위 바위 보 가위 바위 보

다리 아프다는 하윤이
가위 바위 보 게임에
팔팔 기운이 샘솟듯 한다

오동도에 울려 퍼지는
가위 바위 보 가위 바위 보

광채

눈을 감고 그 사람을 그리면
번쩍 불빛이 내 마음을 감싸 안는다

숨도 제대로 못 쉬게 품어준
뜨거운 열기와 사랑만이 살길이었다

마루 끝에 걸터앉아 지나간
세월 하나하나 손꼽아 떠올려 본다

사랑의 힘 존경의 마음으로
한결같이 주고받으며 산 세월이었다

어느 누구도 흉내 내지 못할
숭고한 사랑의 완성된 결정체였다

딸

아이의 손 꽉 잡을 것을
잠시 한눈팔다 아이를 잃어버렸다
몇 번이고 갔던 곳을 되짚어 봐도
아이는 보이지 않는다
동네 사람을 붙잡고
이런 아이 본 적 있느냐 묻는다
나를 보는 그들의 시선이
왠지 껄끄러워 보인다
가족의 품이 그리운 아이
거리를 헤매고 다닐 텐데

눈

사랑의 눈물이 흰 눈으로 변했나
송이송이 회한과 그리움으로 채워져
온 세상을 새하얗게 덮었다

고드름 주사 한 방에 정신 번쩍 들고
꽁꽁 얼었던 심장은 스르르 녹는다

보고 싶어도 갈 수 없는 마음 천리 길
서러운 눈물 가슴속에 꽁꽁 숨긴다

눈사람

모자를 눌러썼다
파이프를 입에 물고
스틱도 들었다

부츠로 멋을 내고
콧수염을 쓰다듬는
철학자의 모습

잠시 숙연해지며
두 손 모아 목례한다

삶은 무엇인가요?

미라클

기적을 기대하며
미라클이라 이름 짓는다

나에게 과연 놀랄만한
성과가 있을까

흉내라도 내고 싶어
글을 쓰고 시를 짓는다

시 낭송하는 나를 본다
이 모습 꿈엔들 그려봤을까

나는 미라클로 태어나
다시 땅을 밟는다

환골탈태

그를 만나고 나서 나는
서서히 변하기 시작했다

물감을 풀어놓은 대야 속에
잠긴 하얀 천이
예쁜 색깔로 변하는
경이로운 모습이다

핑크빛 코발트 퍼플 그린
빨랫줄에 열린 무지개
햇빛을 감싸 안고 덩더쿵

다시 태어나려는 몸부림도
관심과 사랑으로 감싸고
내 얼굴은 복사꽃으로
거듭거듭 피어나고 있다

2부

시의 나라

십리 벚꽃

장관이다 장관이로다

꽃비 맞으며
양손 벌려 지르는 함성

해석하기 힘든 꽃잎들의 유서
생을 마감하는 처연한 몸부림에
어느 곳에 시선을 둬야 할지

오로지 너의 화려한 자태에
매료된 나의 마음

꽃구름 타고 환상의 세계로
여행할 수 있는 십리벚꽃길
소멸과 생성을 거듭하는
여기가 바로 무릉도원이구나

시 낭송

시를 업고 산책 나섰다
내 등에 얼굴 묻은 시는
칭얼칭얼 잠을 청한다

걸음을 옮길 때마다 고개가
포대기 아래로 떨어지고
나는 연신 시를 추스른다

간지럼도 태우고
찬바람 쏘였다
막대 사탕 손에 쥐여 주니

시는 그제야 정신 차린 듯
내 마음속에 자리 잡는다
내 머리는 시를 담느라 바쁘다

3분 또 3분…
시간 가는 줄 모르고
시는 꼬리에 꼬리 문다

시詩의 나라

시 속에 묻혀
겨울잠을 자고 싶어요

봄이 되면
시가 줄줄 굴비 엮듯
나오지 않을까요

시의 나라에서
시마詩魔에 걸려
마음껏 꿈을 펴고 싶어요

귀뚜라미들의 축제

귀뚤
달님을 초대하고

귀뚤귀뚤
별님도 초대하고

뜰 안에 가득 모인
달님 별님

귀뚤귀뚤귀뚤
귀뚜라미 축제

가을밤이
노래로 꽉 찼네

그네뛰기

바람아!
나 좀 밀어봐

바람이 힘껏
풀잎을 밀어주네

텃밭 야채 손 흔들고
억새도 그네 뛰네

바람아!
더 세게 밀어줘

풀잎 그네가
멀리 날아가네

그리워서

뜨거운 손길에 솜털이 곤두선다
뼈 으스러지는 소리
용광로 속보다 더 달아오른

잠시 휴식이 필요하다
열을 내리고 마음을 식히며
눈을 감고 생각에 젖는다

머리칼이 목덜미를 간질인다
땀으로 번득이는 이마
눈빛은 사랑을 가득 담는다

꿈속에서 손을 내젓지만
가위에 눌려 꼼짝 못하고
허공만 바라보며 눈물짓는다

까치집

보금자리 누가 넘보는지
오늘도 불침번 섭니다
새끼들 하루하루 다르게
커가는 모습에
어미 까치 허리 펴고
하늘 올려다보고
아빠 까치 뒷짐 지고
헛기침 한번 으시댑니다

여명이 밝아오면
새끼들 짹짹짹
합창하며 인사합니다
오늘도 까치집 공사
마음과 힘을 모아
한 칸 한 칸 성을 쌓습니다

엉성해 보이지만
세밀한 까치의 건축술
유심히 관찰하며 응원합니다

봄바람

꼭두새벽
창문 열었다

가로등이 하품하더니
나를 빤히 쳐다본다

너무 일찍 일어난 게
미안해서 창문 닫았다

기다리는 봄비 대신
세찬 바람 소리가

거실까지 들어와서
내 얼굴에 찰싹 붙는다

봄바람의 노크 소리에
추억도 따라 일렁인다

봄비

조용히
있는 듯 없는 듯
내 곁에 있어줘

목이 마르기 전에
알아서 와 주면
더 감사하지

봄바람이 귓가에서
속삭였어

얼었던 땅도
움츠렸던 마음도
봄볕에 녹을 거라고

오늘도 하늘 쳐다보며
너와의 해후 기다린다

봄을 기다리며

스르륵 스르륵
내 발자국에 리듬 맞춘다

무슨 소리지?
뒤돌아보니 낙엽 하나
바람 따라 굴러가는 소리

봄이 오고 있다는 걸
낙엽도 아는가 보다

이제 제 갈 길 가겠다고
고개 숙이고 스르륵

봄에는 더 예쁜 모습
보여줄 테니
기대하라고 큰소리친다

봄이 오는 소리
새싹 돋는 소리

내 마음에는 벌써
활짝 꽃이 피었다

희망과 기적

여명을 보았는가
한 줄기의 생각할 수 없는
기이한 일이
지금 여기 펼쳐지고 있다

흰 구름 속에
아득히 보이는 희망의 빛
이제는 살았구나
안도의 숨소리

무릎 꿇고 기도하는
이 여인의 소원
이루어지길
얼마나 고대했던가

목숨마저 내놓은
위기에서
나의 소원 들어주었다
이 얼마나 감사하고
감사한 일인지

영원한 하늘과
바다가 맞닿아
덩실덩실 춤추며
빙글빙글 돌고 있다

희망과 기적을
양팔에 껴안고
훨훨
날아오를 준비한다

비누

가슴에 품고 싶은데
쏘옥 빠져나간다고
불평 아닌 불평을 듣고 있다

내 탓 아니라고 말해도
네 탓이라 원망 늘어놓는다
속 시원하게 털어버리자

비누 너 때문이라고

비움의 미학

고르고 골라
꽉꽉 채웠더니

배부른 들판이 뒤뚱뒤뚱
발걸음이 무겁다

비우고 또 비웠더니
나비가 날고 꽃이 피었다

빈 들

추수가 끝난 들판
두리번거리더니
허공 향해 넋두리한다

지나가던 바람 한 줄기
인정에 못이긴 듯
쭈뼛쭈뼛 고개 디밀고

누렇게 뜬 잡초들
눈 내리깔고
텅 빈 들 한숨짓는다

빈자리

그리움에 젖어 울까 봐
넋까지 품고 사라졌나

적막감이 온몸 감싸면
숨소리는 우렛소리 되고

오늘도 사람 냄새 그리워
마음을 꺼내 덥힌다

참새

나뭇가지에서 내려다본
나의 모습이 처연해서
함께 울어주는 네가 고맙다

너희들의 둥지에서 나도
함께 살 수 없을까
한쪽 귀퉁이라도 좋은데

멀리 있어도 마음은 언제나
너와 함께 하고픈 갈망에
하늘 쳐다보며 눈 비빈다

추운 날

의지할 사람 없다 생각하니
마음이 더 추워요
투정 부릴 사람 없다 생각하니
다리 힘 빠져요

이야기 들어줄 사람
함께 웃어줄 사람
눈이 빨갛게 울어줄 사람
어디 없나요

코트를 껴입어도 덜덜 떨리고
뜨거운 국물 마셔도 추워요
불타던 그 입술 그 눈동자
너무 멀리 있어 그냥 추워요

파도

태풍이
바닷물 속까지
헤집어 놓는다

파도가
흰 거품 내뿜으며
손사래 친다

노을도
진정되지 않는지
얼굴 붉힌다

3부

바람의 노래

바람風

이른 아침 반갑지 않은 친구가 노크한다
문은 열어주었지만 나의 심기 불편하다

무엇이 문제냐고 그 친구 묻고 또 묻는다
대답 대신 고개를 외로 빼고 눈 흘겼다

흠칫하며 뒤로 물러서는 친구에게
한 발 다가서며 두 손으로 어깨를 꽉 잡았다

그제야 바람은 정신이 확 돌아오는지
잘못 찾아왔다고 구시렁거리며 두 손 비빈다

바람의 노래

아름다운 선율 속에
비치는 그의 얼굴
온화한 미소와 숨소리를
가슴으로 듣는다

휘파람에 실려 온
노래 한 소절
내 마음을
온통 흔들어 버렸다

바람이 스쳐 간
빈자리에
그의 세레나데가
창문을 넘고 있다

담을 넘어가는 덩굴은
그의 향기에 취하고

나도 담장에 기대어
바람의 노래 목놓아 부른다

새벽

전철이 지나가는 소리에 창밖을 본다
열차의 텅 빈 칸에는
붉은 전등만이 외로움을 대신한다
허무하다 못해 한기가 느껴지는 이 새벽
포근한 이불 속에서 꿈꾸고 있을 그를 떠올린다
무슨 꿈을 꾸고 있을까
내 머리카락의 촉각을 느끼고 있는지
내 발자국 소리를 듣고 있는지
숨소리마다 추억이요 아픔이다
깜깜한 새벽을 밝히는 그의 목소리를 듣고 싶다
잘하고 있다는 격려의 말 한마디

나는 오늘도 커피를 마신다

새해

새로운 각오를 하는 것
지난날을 되짚어 보는 것
똑같은 실수를 안 하는 것
마음이 흔들리지 않는 것
멋진 사랑을 꿈꾸는 것

보고파서

시린 가슴 숨기고
창밖에서 기다렸어요
장미꽃 한 다발
마음속에 품었습니다

나비가 되어 훨훨
당신의 향기 찾았습니다

사랑한다는 말 대신
손가락 하트 만들었어요
일곱 색깔 무지개 하트
하늘에 띄워 보냅니다

본성을 찾으려고

내 마음 어디에 숨겼나
앨범 속의 사진 들여다본다

돌 사진 속 여자아이
뜨거운 열정 꼭꼭 숨겼다

아름다움을 품은 작은 소녀
새가슴은 오늘도 펄럭펄럭

곧은 마음 흐트러지지 않게
조각조각 맞추어 꿰매고

높은 하늘 새털구름 쳐다보니
기억은 훨훨 나비가 되어

시원한 빗줄기 쏟아내며
마음 씻고 편히 쉬라 한다

나목

귀 기울였다
부스럭 옷 벗는 소리

지나가던 바람
주렁주렁 옷 걸친다

숨을 멈췄다
나신이 된 나무들

부끄러움보다
살을 에는 듯한 추위에

따듯한 손길
기다리며 마음 비빈다

노을

거실에 걸려있는
노을은
나를 붉게 태운다

얼굴 가슴 발까지
활활 태워 재로 만든다

매일 매일
나는 재가 되어
노을을 기다린다

한파

소한 추위가 만만찮다
칼바람에 자라목은 코트 속으로

갈대 닮은 나뭇잎들은
제 몸 하나 간수 못하고 어질어질

소한은 사방팔방 기웃기웃
바람은 귀신 울음소리 흉내 내고

창밖을 보던 나도 덩달아
으스스 몸을 떨고 양 어깨 움츠린다

해결사

나는 보름달
다 품어드릴게요

아쉬움, 슬픔, 고민은
모두 나에게 맡기세요

나는 보름달
무엇이든지 말해보세요

바늘로 혀로 입은 상처
깨끗이 아물게 해줄게요

허무虛無

마음이 텅 비어 속이 쓰리다
포만감이 들도록 채워야 하는데

애증 질투 미움 버리고
아름다운 사랑 찾아 나서보지만

먹어도 먹어도 허기져서
머리가 띵하고 하늘이 노랗다

뜨거운 물에 몸 맡기고
수증기 속으로 나를 숨긴다

잔상殘像

시선이 머문 곳에 어렴풋이
비추는 그 얼굴
나를 보며 환히 웃던 그 사람
창문 밖에서 손을 흔든다

반가운 마음에
창문을 활짝 열어젖히니
아무도 없다
분명 활짝 웃고 있었는데

눈을 비빈다
손으로 허공을 휘젓는다
잡히지 않는 마음처럼
그 사람도 만질 수가 없다

몽돌

바위의 한이 얼마나 깊었으면
닳고 닳아 몽돌 되었을까

마음마저 닫고 또 닫았더니
동족만 모여 집성촌 이루었다

자그락 자그락 물살에 내는 소리
서로 살 맞대고 품기까지
인고의 세월 눈물로 보냈다

서로 닮기 위해 비슷한 색으로
땀방울 흘리고
거친 숨소리 다듬으며
같은 길 걷기 위해 손잡는다

무엇으로 사는가

멀리 있어도 만질 수 있고
생각만으로 사랑할 수 있는
시상詩想의 세계는
오늘도 뜨겁게 타오른다

누군가의 가슴에 오래도록 새길
절창 한 수를 기다리며
내면의 나이테가 늘어나도록
다시 나만의 수행을 시작한다

아련한 추억 되어

손톱 위에 새긴 봉선화 연정
예쁘다 예쁘다
쓰다듬어 주던 손길은
따듯한 엄마의 심장 소리였다

첫눈을 기다리다 지쳐버린
핑크빛 연서는
마지막 이별이 아쉬워
내 가슴에 별 하나 그렸다

마리오네트

내 눈앞에서
벌어지고 있는 향연에
푹 빠져 버렸다

내가 바로
그 인형인 것을

나를 조종하는
그의 손끝과 목소리에 끌려
생명을 얻는다면
더 바랄 것이 없는데

관절마다 매달린 끈은
나의 자존심이다
벌떡 일어나 말하고 싶다

내가 바로 마리오네트라고

마스크의 변명

이를 보이지 마세요

눈에는 눈
이에는 이

그냥 눈으로 말해요

4부

실타래

실타래

얽힌 실 가슴에 품는다

마음은 꼬이고
머리는 천근만근이다

더러는 팽팽한
긴장감도 필요한 법

당겼다 놓았다
내치고 보듬는 밀당도
사람 사는 세상

풀 수 있는
기회마저 놓치고
후회와 연민으로 애 끓인다

얽힌 실 가슴에 품는다

아버지

어린 나를 무릎에 앉히고
사랑 가득 얼굴 비비며
등을 토닥토닥하시던
당신의 손길 그립습니다

길가에 서 있는 나목裸木
바로 아버지 모습입니다

내생에는 비단옷 치장하시고
실한 열매 주렁주렁 매달아
행복한 미소 가득하시길

아픈 손가락

이웃사촌보다 못한 핏줄
가슴에 피멍 남겼습니다

점점 원망이 커지더니
손톱에 박힌 가시 되어
콕콕 찔러댑니다

혹시나 하는 마음
인터폰에 귀 기울입니다

이번 주도
온다는 연락 없이
원망의 눈덩이만 커갑니다

마음

어디 가면 만날 수 있을까
마음을 데려와 봐

억지도 이런 억지가
마음을 데려오라고
생떼를 쓰는 너

등 뒤로 돌아가
살며시 감싸 주니

화들짝 놀라던 네 모습
마음을 찾았는지
나를 꼭 끌어안는다

말장난

말言이
장난친 적 없으니

말馬이
장난쳤나 보다

말장난이라는
한마디에

충격 받았는지
맥이 풀린 모습이다

정신도 혼미하고
진津 빠졌다 울상이다

매미 신호등

어서 오세요
신호등이 인사하네요

유모차를 탄 아기
할머니와 할아버지
꼬리 치는 강아지

어서 오세요
신호등이 활짝 웃어요

열광熱狂

마음을 열다가 3도 화상 입었다
신중하게 천천히 아주 천천히
뚜껑을 열었어야 했다

급한 마음에 궁금한 마음에
젖 먹던 힘까지 쏟아 부었다

뜨거운 마음 정적 속에 숨기고
이지적이고 냉철한 마음 꺼내어
열熱과 광狂 따로따로 찾기로 했다

운명의 신

신은 나에게 관대하다
신은 나를 사랑한다
신은 나를 살게 한다
신은 나를 여자로 만들었다

윤슬

여울목에도 반짝반짝
장소를 가리지 않는
너의 포용력에 감동했다

업신여김보다는 존중을
어둠 속을 환하게
이게 바로 행복인 것을

내 마음에도 비치어
빛나게 해주면
얼마나 힘이 될까

은행잎

또르르르
바람 따라 은행잎이
굴러가네요

까르르르
웃음 꽃핀 친구들이
손 흔들어요

스르르륵
노오란 융단 밟고
가을이 지나가요

은행잎 속에는
시계가 들어있고

내 가슴속에는
아쉬움이 들어있어요

입동

열아홉 번째 절기인 그가
나를 물끄러미 쳐다본다

어느새 황혼 길에 들어선 나
동병상련일까

인생의 종점에 와 있는 나
그도 겨울로 들어서고 있다

노을빛에 붉게 물든 나
간당대며 나뭇가지를 붙잡는다

내리막길에 만난 나를 포옹하며
내 머리에 하얀 눈 한 움큼 뿌린다

스산한 바람이 옷 속을 기웃거리고
나는 나뒹구는 낙엽 되어 처연하다

그는 따뜻한 봄을 기다리고
나는 지나온 세월을 되짚어 본다

신기루

달콤한 입맞춤에
눈감고 혼절했다

사랑한다 사랑한다
마주 안았는데

눈뜨면
아무것도 잡히지 않는다

작은 먼지가 되어

겸손해야지
낮은 자세로 남을 배려하고
위하는 마음 잊지 말아야지

다짐하고 또 확인한다
내 한 몸 작아져서
관망하면 더 편안할 것 같다

한쪽이 돌출하면
다른 쪽은 들어가야
공평한 세상인 걸

너도나도 송곳날이면
가슴에 상처 깊고

배려와 나눔
내가 제일 행복한 것을

작은 소원

때로는 나도 응석 부리고 싶다

너와 함께 있고 싶고
살 냄새 비비며 살고 싶다

품위 체면 벗어버리고
가식 욕심 모두 내려놓고 싶다

너는 용광로
나도 뜨거운 사랑하고 싶다

펜은 칼보다 무서웠다

펜이 칼보다
무섭다는 말 실감했다

기쁘고 즐거운 마음으로
동참했기에
웃음만 있을 줄 알았고
우정은 영원할 줄 알았다

한 사람의
가시 돋친 글을 읽고
깊이를 알 수 없는
빙하에 갇혔다

언제쯤 얼음이 녹아서
기쁨을 누릴 수 있을까

헬리콥터 맘

아이에게서 눈 못 떼고
주변을 빙빙 날아다니는
나비 한 마리 보셨나요

내 아이가 최고라고
과잉보호하고
간섭하는 엄마 나비

성적 오르기 소원하지만
인성은 나 몰라라
까만 천막 속에 숨은 모정

아이의 장래마저
마음대로 휘둘러야
직성 풀리는 헬리콥터 맘

호랑이 가시나무

늙은 호랑이 발톱이라 놀리면
숨겨놓은 가시까지 동원하겠지

약재로 쓰일 귀한 물건이라 말하면
있는 아양 없는 친절 다 바칠지 몰라

누가 어떻게 부르든 무슨 상관일까
나만 진실하고 나만 고귀하면 되는 것을

마법 지팡이 아니라고
외면할 사람은 없겠지

5부

홀로 앉아서

홀로 앉아서

소리에 놀라
자리에서 일어난다

거울에 붙인 액세서리
바닥에서 뒹굴고 있다

개미 기어가는 소리도
들릴 것 같은
적막에 숨이 찬다
옷 벗는 소리는 뇌성벽력

사람 소리 그리우면
창문 열고 바깥을 내다보라

적막 속에서도
꽃이 피고 새가 짖는다

나를 보고

보름달이 처연하게
나를 내려다본다

내가 보름달을 외면하자
조바심이 난 것 같다

여기저기서 함성과 함께
달을 품으려고
폰을 누르는데

유독 나만 두꺼운 커튼치고
외면하는 모습에
보름달도 얼떨떨한가 보다

동면冬眠

봄을 기다리는 마음
나는 이 겨울
땅속을 벗어나지 않았다

꿈을 찾아 사랑 찾아
한 페이지 한 페이지
세월 넘기며 기다렸다

희망이 보인다고
봄은 머지않아 내 앞에
펼쳐질 거라고
귓가에서 소곤소곤

얼마나 기다렸던가
얼마나 보고 싶었던가
눈물 훔치며 웃음 짓는다

겨울잠은 나를 한껏
성숙하게 만들었다
사랑으로 꽁꽁 묶은
우리의 약속이었다

눈에 밟혀서

우리는 꿈속에서 행복했다
얼굴에는 웃음꽃이 활짝 피었고

엄마 아빠 되어 소꿉장난하며
우리는 함께 있기를 소망했다

체취로 서로를 느낄 수 있고
눈빛은 사랑을 전하는 전령사

눈에 밟혀 더 아름다운 추억
내세를 기약하는 슬픈 노래여

온몸에 전율 흐르면 스멀스멀
꿈속에서 본 소꿉놀이 빛난다

레게 머리 소녀

만지면 통통 손이 부풀 것 같다
젊음과 희망이 합쳐 소녀는 사랑이다
아이들이 소녀 뒤를 졸졸 따른다
시끌시끌 아이들 잡담에 고개 돌린
소녀의 얼굴은 빛이 난다
한 번만 더 보려고
아이들 틈으로 머리 디밀었다
눈이 마주치자 확 타오르는 불길
말없이 기다린 세월
오늘은 빛을 볼 수 있을까

머릿속의 지우개

이제는 깨끗이 사라졌겠지
손바닥을 펴 보지만
머리는 그 시절을 헤매고 있다

지독히도 추웠던 겨울이었지
다시는 생각하고 싶지 않은
어긋난 만남

지우개로 깨끗이 지워버리니
따스한 봄 햇살 나를 감싼다

세례

여기저기서 축하 인사
다시 태어났다고
오늘이 내 생일이라네

나는 하나님의 딸
하나님이 내 아버지
담대한 삶을 살라 하네

거듭나고 거듭나서
깨끗하고 거룩한
새 생명 얻었네

산책

오늘도 혼자 집을 나선다
산책로에는 가족 단위로
호호 하하 행복한 표정
강아지도 신이 나서 꼬리 흔든다

부러움은 가슴에 품고
파랗게 올라온 잡초에 눈길 보낸다
한겨울 무사히 잘 보냈다고
나에게 윙크한다

그 모습 대견하여 폰에 담는다
잡초 아닌 싱그러운 봄의 전령사로
오늘만이라도 나와 손잡고
산책길에 나서보지 않으련

가로등

설익은 연인이
새끼손가락 걸었다

비밀 아닌 비밀을
눈에 담고

누가 들을까
입을 막는다

자리를 내주고
비밀 지키는 가로등

마음 따뜻한
내 친구다

삶의 유희

눈발에 나를 맡긴다
목적 없이 허공을 떠돈다

어린 시절 내 모습
진달래꽃 한아름 가슴에 품고

이산 저산 뛰어다니던
작은 계집아이 눈망울 파르르

초록 꿈을 키우며
미래를 설계하던 젊음이

영원할 줄 알았는데
팔순八旬이 코앞이다

눈발은 내 머리에 앉아
아직도 고운 자태라 달래준다

삼천공녀三千工女

낙화암에는
삼천궁녀의 한이 있고
내 고향 공주 유구 벌에는
삼천공녀의 꿈이 있다

차칵차칵 수직기에
공녀의 삶 녹는 소리
가족의 생계를 책임진
공녀의 눈물과 웃음

한올 한올 엮은 사랑
비단으로 탄생하고
유구 벌에
금수만당錦繡滿堂 피웠다

생이별보다 더 아플까

이 세상과 저 세상은 순간이다
생과 사의 갈림길이
이보다 가까울 수 없다
눈을 뜨면 이승이요
눈 감으면 저승인 것을
감각이 또렷한데
생각이 반듯한데
헤어져야 한다면
아니, 만날 수 없다면
셰익스피어의 비극이요
극한 체험의 종착역이다

이슬 수액

꽃도 시들 풀도 시들
이슬 수액 놓아주었더니

아침이 되자 방긋 웃는 풀
푸른 팔뚝에 힘이 불끈

꽃의 얼굴도 화색이 돈다
손님 초대해 꽃 잔치 열어야지

순간이동

순천만 세계정원
네델란드인이 되어
풍차 아래에 서 있다

광양 매화 마을
나는 꽃을 찾는 나비

고흥 나로우주센터
달나라 별나라
꿈속에서 살고 싶어

3박 4일
순간이동으로
몸은 훨훨 날고 있다

신발을 신고

암전히 놓여있던 내 신발이
고개를 빼꼼 내민다
오늘 일정이 궁금한 눈치다

신발을 신을 수 있다는 건
행복이고 행운이다
신발과의 외출은
내 젊음을 표출하는 것

나에게 힘이 있다고
만천하에 알리는 것
신발장의 신들이
오늘도 함께 할 수 있는
행운을 차지해서
고맙다고 윙크한다

신의 섭리

신이 보내주신 큰 선물
바라보기에도 아까운 사람

생각만 해도
떠올리기만 해도
내 몸은 부르르 경련 일고

뜨거운 입김
땀으로 번득이는 이마
빨갛게 달아오른 눈동자
거친 숨소리 따듯한 손길

그 미소 그 눈길
유난히도 그리운 오늘이다

신전을 지키며

오늘도 마음잡으려고
꼭두새벽 일어나 두리번거린다

신성한 내 집에 들어온
백마 탄 기사 영접하려고

고귀한 마음 열었더니
소망 믿음 사랑 한가득 담겨있다

발문跋文

| 발문跋文 |

마음을 움직이게 하는 시의 힘

— 이정희 시집 《꽃길만 걸어요》

차윤옥

(시인·계간문예 편집주간)

마음을 바꾸면 인생이 바뀐다

이정희 시인은 참 부지런하다. 부지런한 사람은 시간을 허투루 쓰지 않고 규칙적이며 효율적으로 활용한다. 이정희는 성질이 급하다. 성질이 급한 것과 부지런함이 상관관계가 있는지 모르겠으나, 평소 걸음걸이도 천천히 걷지 않고 뛰다시피 한다. 시간은 금이라고 한다. 시간은 누구에게나 공평하게 주어졌기 때문에 금처럼 귀하다고 여긴다. 이정희는 첫 번째 시집을 상재한 지 채 1년이 지나지 않았는데 두 번째 시집을 상재한다.

이번에 상재하는 시집《꽃길만 걸어요》에서 눈길을 끄는 시어는 '마음, 사랑, 시, 꽃, 꿈, 노래, 사람, 가족' 등이라고 할 수 있다. 시집 전반에 기저를 이루고 있는 시어들 가운데, 특히 행복한 마음, 슬픈 마음, 미안한 마음, 고마운 마음 등 작품마다 마음의 표현이 잘 드러나 있다.

힌두교 가르침 중에 '마음을 바꾸면 태도가 바뀐다. 태도가 바뀌면 행동이 바뀐다. 행동이 바뀌면 습관이 바뀐다. 습관이 바뀌면 인격이 바뀐다. 인격이 바뀌면 운명이 바뀐다. 운명이 바뀌면 인생이 바뀐다.'라는 멋진 말이 있다.

마음, 태도, 행동, 습관, 운명을 바꾸면 자연스럽게 인생이 바뀐다. 이정희는 이 가르침대로 마음을 바꾸기 시작하면서 인생이 바뀌었다. 교장선생님에서 수필가로, 시인으로, 시낭송가로 인생 자체가 완전히 바뀐 행복한 이모작을 살고 있다.

시인은 아름다운 내면을 순수한 눈으로 포착해 내 시로 표현할 수 있는 사람이다. 문학은 이정희 마음의 표현을 잘 받아준다.

어디 가면 만날 수 있을까
마음을 데려와 봐

마음을 데려오라고
생떼를 쓰는 너

등 뒤로 돌아가
살며시 감싸 주니

화들짝 놀라던 네 마음
나를 꼭 끌어안는다

— 〈마음〉 전문

역대 선비들의 문학론에는 마음에 대한 언급이 유난히 많다. 문학론에 나타난 마음을 살펴보면, 문학과 마음의 관계도 어느 정도 알 수 있다. 조선시대 때 홍석주洪奭周는 전강殿講에서 수석을 차지한 사람이다. 그는 어떤 기교나 틀에서 시를 쓰는 것을 멀리했다. 시는 진솔한 마음을 나타내야 한다는 것이다. "시의 쓰임은 사람을 감동시키는 데 있다. 시경의 삼백 편 이후로 비록 고하高下가 있고, 문체가 다르고, 사정邪正이 있어 느낌이 다르지만, 시는 성정(마음)에 근본해서 천기에서 발현되는 것은 한 가지다. ……그 발현이 성정에서 근본하지 않고 천天에서 말미암은 것이 아니라면 사람을 감동시킬 수 없다. 나는 성인이 지은 것이라 하더라도 마땅히 여항필부閭巷匹婦의 노래에서 구할망정 율시에서는 구하지 않겠다."라고 말할 정도이다.

이정희의 시 〈마음〉을 시작으로 시작품마다 들어 있는 마음을 찾아보았더니 여러 작품이다. 시인은 어떤 마음으로, 어떤 눈으로 세상을 바라보고 있는지, 자연 속에 숨어 있는 시를 어떻게 발견해서 마음에 담았는지 한발 한발 다가 가 살펴본다.

조용히
있는 듯 없는 듯
내 곁에 있어줘

목이 마르기 전에
알아서 와 주면
더 감사하지

봄바람이 귓가에서
속삭였어

얼어 움츠렸던 마음도
봄볕에 녹을 거라고

오늘도 하늘 쳐다보며
너와의 해후 기다린다

— 〈봄비〉 전문

'얼어 움츠렸던 마음도 /봄볕에 녹을 거라고// 오늘도 하늘 쳐다보며/너와의 해후 기다린다〈봄비〉' 봄바람이 움츠렸던 마음을 활짝 펴고 봄비에게 속삭이고 있다. 봄바람이 봄비와의 해후를 기다리듯 이정희는 좋은 시와의 해후를 끊임없이 기다리고 있는 듯하다. 뒤늦게 시작詩作에 발을 들여놓았으니 더 늦기 전에 만나고 싶어 애태우는 마음을 잘 녹여 놓았다.

봄을 기다리는 마음 /나는 이 겨울/ 땅속을 벗어나지 않았다//꿈을 찾아 사랑 찾아/한 페이지 한 페이지/세월 넘기며 기다렸다

— 〈동면〉 일부

동면하는 동안 봄은 머지않아 내 앞에 펼쳐질 거라는 희망을 안고 기다리는 마음을 노래하고 있다. 추운 날은 마음도 더 춥다. 몸이 추우면 따뜻한 옷을 꺼내 입으면 되지만 마음이 추우면 사랑하는 사람을 생각하게 마련이다. 비록 멀리 있지만 그대 생각에 빠질 수밖에 없다. 그대는 한 페이지 한 페이지 넘기며 기다리는 시가 아닐까. 추운 마음까지 녹여줄 수 있는 포근한 시를 애타게 기다린다.

의지할 사람 없다 생각하니/마음이 더 추워요/투정 부릴 사람 없다 생각하니/다리 힘 빠져요//이야기 들어줄 사람/함께 웃어줄 사람/눈이 빨갛게 울어줄 사람/어디 없나요

— 〈추운 날〉 일부

이정희의 문학적 마음은 나목에도, 빈자리에도, 눈에도 깃들어 있고, 여기저기 도움의 손길이 필요한 곳에도 깃들고, 새해에는 마음이 흔들리지 않으려고 멋진 사랑을 꿈꾸기도 한다.

'귀 기울였다 /부스럭 옷 벗는 소리//지나가던 바람/주렁 주렁 옷 걸친다 //숨을 멈췄다/나신이 된 나무들//부끄

러움보다 /살을 에는 듯한 추위에//따듯한 손길 /기다리며 마음 비빈다

— 〈나목〉 일부

그리움에 젖어 울까 봐/넋까지 품고 사라졌나//적막감이 온몸 감싸면/숨소리는 우렛소리 되고//오늘도 사람 냄새 그리워/마음을 꺼내 덥힌다

— 〈빈자리〉 일부

사랑의 눈물이 흰 눈으로 변했나/송이송이 회한과 그리움으로 채워져/온 세상을 새하얗게 덮었다//고드름 주사 한 방에 정신 번쩍 들고/꽁꽁 얼었던 심장은 스르르 녹는다//보고 싶어도 갈 수 없는 마음 천리 길/서러운 눈물 가슴속에 꽁꽁 숨긴다

— 〈눈〉 일부

새로운 각오를 하는 것/지난날을 되짚어 보는 것/똑같은 실수를 안 하는 것 /마음이 흔들리지 않는 것/멋진 사랑을 꿈꾸는 것

— 〈새해〉 전문

일상어에 나타난 마음은 그 구조상으로는 바탕·움직임·발현·모양 등의 체계를 가지고 있다. 하나밖에 없는 마음의 바탕이 움직임·발현·모양으로 전개되면서 많은 단어를 파생시킨다. 마음을 네 가지 범주로 구분하면 근원적인 마음의 바탕體과

마음의 움직임動과 마음의 발현用과 마음의 모양狀을 나타내는 마음자리, 마음결, 마음씀, 마음씨라는 단어가 있다.

'마음자리'는 일체 마음의 근본을 나타내는 단어다. 마음의 근본을 이루나 아직 밖으로 나타난 것이 아니니 관념적 인식의 대상이다. 마음자리는 아직 밖으로 나타나지 않은 것이지만, '마음결'은 외물에 감응되면 쉽게 물결을 일으키는 속성을 가지고 있다. 그 물결을 일으키는 상태가 마음결이다. 마음결이 마음의 움직임을 뜻한다면 '마음씀'은 마음결이 실제 밖으로 드러나는 발현이다. 마음결과 마음씀을 다 같이 마음의 발현으로 묶을 수도 있다. 마음씨는 마음결이 일어날 때와 마음씀이 드러날 때 어떤 모양으로 일어나고 드러나느냐 하는 모양을 나타내는 말로 마음에 관련된 형용사는 모두 이에 해당한다.

사람의 마음을 탐구한 연구를 탐독하다 보면, 인간의 마음은 산술적인 논리방식이 아니라, 이질적인 대상이 대응되기도 하고 포개지기도 하는 시적인 방식으로 작동한다는 것을 알 수 있다. 시적인 마음의 작용은 은유적 혼성混成이다. 은유적 혼성은 문학적 마음의 바탕을 이룬다. 최근 경험을 바탕으로 마음속에서 이전 경험과 은유적으로 대응시킨 후, 새롭게 이해하며 낯설게 상상의 세계를 여행하며 마음의 무늬를 시로 표출한다. 일상 생활의 경험을 삶 전체로 확장시켜 새로운 상상을 꿈꾼다. 마음속 상상의 세계를 재해석하고 뒤집기도 하면서 새로운 시를 창작한다. 이정희가 이번 시집의 문학적 화두로 삼은 마음, 사람뿐만 아니라 자연 곳곳에 스며있는 마음을 발견해 읽다 보면 우리

삶에 맞닿아 있는 맑은 마음에 저절로 이입하게 된다.

마음을 움직이게 하는 언어의 힘, 시의 힘

1920년대 미국 뉴욕의 어느 추운 겨울날에 한 노인이 공원 앞에서 "나는 시각장애인입니다."라고 적은 팻말을 앞에 놓고, 구걸하고 있었다. 대부분의 사람들이 무심히 지나갔다. 한두 명만 동전을 던져줄 뿐, 눈여겨보는 사람은 별로 없었다. 그때, 그곳을 지나가던 한 사람이 멈춰서더니 잠시 머물다 떠나갔다. 그 뒤에 적선통에 동전 넣는 소리가 끊이지 않았다. 왜 그랬을까. "봄은 곧 옵니다. 그런데 저는 그 봄을 볼 수 없습니다."라는 글귀로 팻말의 내용을 바꾸어 놓았다. 글귀를 바꾸어 놓은 사람은 누구였을까. 그곳을 지나가던 프랑스 시인 앙드레 브르통이었다. 사람의 마음을 움직이게 하는 언어의 힘이 얼마나 큰지 보여주는 좋은 예이다.

일반 사람들이 일상 언어를 사용하여 대상과 의사소통을 한다면, 시인은 특수 언어 감각을 가지고 시 언어를 사용하여 대상과 소통하는 사람일 것이다. 시인은 언어의 힘으로 발상의 전환을 꿈꾸는 사람이다. 시인은 누구에게 말하는가. 시인에게 어떤 말을 기대할 것인가. 시인은 일반인보다 싱싱한 감수성과 다정다감함을 지니고 있으며 사람의 본성을 더 잘 알고 있다. 시는 감정의 표현이다. 사람은 어떤 상황에 처할 때 마음이 흔들려 감정이 일어나게 된다. 이때의 마음에서 일어난 서정적

충동을 표현하는 것이 시이다. 시인은 분명하게 보통 사람과는 다르다. 감수성이 있고 다정다감한 사람에게 시인의 기질이 있다고 인정하듯이.

열 살 손녀 하윤이가
내 손을 꼬옥 잡고 말한다
"꽃길만 걸어요"

내 가슴 뭉클했고
눈시울도 더워졌다
'어느새 이렇게 컸을까'

사랑하는 하윤아
먼 길 더 먼 길
"너도 꽃길만 걸어라"

— 〈꽃길만 걸어요〉 전문

대화는 두 사람이 서로 주고받는 행위를 말한다. 표제작인 〈꽃길만 걸어요〉는 손녀 하윤이와 화자가 주고받는 사랑이 넘치는 대화체로 된 시다. 서로의 소통이 권유적 진술로 표현된 시이다. 자기의 주장을 타자에게 적극 동조할 것을 요청하는 형태의 시다. 3연 9행의 짧은 시 속에 할머니와 손녀의 사랑이 활짝 꽃을 피웠다. "할머니, 오래오래 사세요"보다는 "할머니, 꽃길만 걸어요" 라고 표현한 언어의 힘, 시詩의 힘 속에 하윤이의 사랑이 잘 녹아 있다. 언어의 힘은 강력하다. 같은 상황이라도 어떻게 표현하느냐에 따라 삶에 많은 영향을 미친다. 부정적인 언어는 전두엽의 기능을 약화시킬 뿐만 아니라 악영향을 미치기도 한다. 밝고 긍정적인 언어는 주변을 환하게 만든다. 좋은 언어는 좋은 기운까지 넣어준다. '꽃길만 걸어요'라는 한 마디는 긍정 바이러스로 선한 영향력을 퍼지게 한다. 평범한 시 같지만 자꾸 읽다보면 저절로 가슴이 뭉클해진다.

종업식 날 /독서부문 표창장 받았다//초등학교 3학년 예쁜 하윤이는/책 읽기가 취미이다//동사무소 도서관 단골 손님//하윤이의 책 읽는 모습은 /아름다운 천사를 닮았다// 책 속에는 예쁜 하윤이의/미래가 들어 있다

— 〈표창장〉 전문

사랑하는 큰아들과 며느리/손녀 하윤과 바다를 걷고 있다//가슴은 풍선처럼 부풀고/지나가는 사람도 정겹다// 행복감에 젖어 환한 얼굴/검푸른 바닷물에 감동한다//오색 불빛에 내 마음도/한들한들 무지갯빛 뜬다//흐르는 물길 따라/우리의 마음도 따라 춤추고//여수 밤바다 운치에 취해/ 흥겨운 노래도 저절로 흐른다//나는 지금/여수 밤바다 여수 밤바다

— 〈여수 밤바다〉 전문

고사리손 하윤이는 가위/두툼한 손 큰아들은 바위/쭈글쭈글 내 손은 보//다시 가위 바위 보/하윤이가 이겼다/한 칸 두 칸 세 칸/열 칸을 먼저 올라갔다//가위 바위 보/큰아들도 열 칸 올라갔다/가위 바위 보 가위 바위 보//다리 아프다는 하윤이/가위 바위 보 게임에/팔팔 기운이 샘솟는다//오동도에 울려 퍼지는/가위 바위 보 가위 바위 보

— 〈가위 바위 보〉 전문

현민이는 손흥민 선수를 좋아한다//노랑색 유니폼 갖춰 입고 /수차례 축구시합에 참가하여/우승했다고 자랑이다//축구선수가 꿈인 현민이는/다치지 않기를 바라는/할미의 마음 알고 있을까//유니폼의 당당함을 세계에 떨칠 /정직한 땀의 주인공//현민 축구선수를 응원한다

— 〈축구선수〉 전문

손녀 눈에 비친 이정희는 얼마나 멋진 할머니일까. 사랑이 듬뿍 담긴 눈으로 할머니에게 "꽃길만 걸어요"라고 말할 때는 아마 눈에 넣어도 아프지 않다는 표현에 어울리는 상황이 아니었을까. 이 세상에는 눈에 넣어도 아프지 않은 것들이 얼마나 될까. 사랑스럽고, 고맙고, 반갑고, 뿌듯하고 가슴 벅찬 기쁨은 어떤 것일까. '하윤'이와 '현민'이는 이정희의 눈에 넣어도 아프지 않을 손주들이다. 특히 손녀 '하윤'이는 표제작인 〈꽃길만 걸어요〉에

뿐만 아니라 여러 편의 시에 주인공으로 등장한다. 하윤이와 손잡고 여수 밤바다를 여행하고, '가위 바위 보' 게임도 하며, 함께 꽃길을 걷는다. 책읽기를 잘해 종업식 때 표창장을 받아 온 하윤이가 책을 읽는 모습은 천사로 보인다.

손자 '현민'이는 축구 선수를 꿈꾼다. 축구 시합에 나가 우승도 경험하지만, 혹시 어디 다치기라도 할까봐 할머니의 마음은 늘 조마조마하다. 손주들에 대한 시들을 읽다보면 따듯한 할머니의 사랑을 오롯이 느낄 수 있다.

이제 이정희가 걷는 길은 꽃길일 테고, 그 꽃길에는 장미, 코스모스, 등 다양한 꽃들이 활짝 피어 있을 것 같다. 본인뿐만 아니라, 주변 사람들에게도 그 아름다운 꽃길을 공유하지 않을까.

시의 나라에서 시마詩魔에 걸리고 싶은

시를 쓰라고 외치는 귀신이 있단다. 시마詩魔는 '시의 귀신'이다. 어느 순간 시인에게 들어가 끊임없이 시만 생각하고 시만 쓰게 하는 귀신이다. 이 귀신이 한 번 붙으면 다른 일에는 하등 관심이 없고, 오직 시에만 몰두하게 되며, 쓰는 시마다 절창絶唱이 된다. 시마에 걸리면 그저 시를 위해 시를 쓰게 되고, 시를 쓰지 않으면 못 배기는 신기한 힘이 생긴단다. 시마는 제멋대로 시인에게 들어왔다가, 어느 순간 제멋대로 떠나버린다는 귀신이다. 시마가 떠나면 호사다마好事多魔라고, 아예 시를 쓰고 싶은 생각도 달아나고, 아무리 노력해도 좋은 시를 쓸 수 없게 되고 만다. 그렇더

라도 시인에게는 시마를 기다리고 환영하고 싶은 마음이 있을 터이다. 이정희는 시마에 걸려 마음껏 꿈을 펼치고 싶어 한다.

시 속에 묻혀
겨울잠을 자고 싶어요

봄이 되면
시가 줄줄 굴비 엮듯
나오지 않을까요

시의 나라에서
시마詩魔에 걸려
마음껏 꿈을 펴고 싶어요

— 〈시詩의 나라〉 전문

멀리 있어도 만질 수 있고
생각만으로 사랑할 수 있는
시상詩想의 세계는
오늘도 뜨겁게 타오른다

누군가의 가슴에 오래도록 새길
절창 한 수를 기다리며
내면의 나이테가 늘어나도록
다시 나만의 수행을 시작한다

— 〈무엇으로 사는가〉 전문

정말 시마에 걸리면 굴비 엮듯 시가 줄줄 나올까. 오로지 시만 생각하고, 시만 쓰고, 시에 살고 시에 죽을 수 있다면 시인으로서는 자랑스럽게 시마에 사로잡히고 싶지 않을까. 시마는 최고의 시를 쓰고 싶어, 시인 스스로 만들어낸 꿈의 이름일 것이다.

시는 아름다움을 추구하며, 진실을 추구하는 예술이다. 시인은 무엇으로 사는가. '누군가의 가슴에 오래도록 새길 절창 한 수를 기다리며' 내면의 나이테를 늘이기 위해 자기만의 수행을 반복하며 사는 사람이다. 시심이 발동해 가슴 속에 숨어 있던 열정을 멋진 시구로 담아내려는 시인, 시인이란 바로 그런 사람이다. 이정희는 벌써 시마에 걸렸는지도 모른다. 해마다 시집 한 권 분량의 시를 쓴다. 다작 속에 숨어 있는 보석을 가려내 문학적 가치를 부여해야 하지 않을까. 외로움, 그리움, 아픔이 스며든 한편 한편의 시에는 시마에 걸려 헤어 나오기 힘든 삶의 고백이 고스란히 스며있다.

> 시를 업고 산책 나섰다/내 등에 얼굴 묻은 시는/칭얼칭얼 잠을 청한다//걸음을 옮길 때마다 고개가/포대기 아래로 떨어지고/나는 연신 시를 추스른다// 간지럼도 태우고/찬바람 쏘였다/막대 사탕 손에 쥐여 주니//시는 그제야 정신 차린 듯/내 마음속에 자리 잡는다/내 머리는 시를 담느라 바쁘다//3분 또 3분… /시간 가는 줄 모르고/시는 꼬리에 꼬리 문다
>
> — 〈시낭송〉 전문

기적을 기대하며/미라클이라 이름 짓는다/나에게 과연 놀랄만한/성과가 있을까//흉내라도 내고 싶어/글을 쓰고 시를 짓는다//시 낭송하는 나를 본다/이 모습 꿈엔들 그려 봤을까//나는 미라클로 태어나/다시 땅을 밟는다

— 〈미라클〉 전문

해가 뉘엿뉘엿 /풀잎 가족 /시집 펼친다//까치놀을/머리에 이고/시를 외운다//"나는 이 시가 좋아"/아빠풀잎이/시 낭송한다//바스락 바스락/바람도/귀 기울이고//"나는 이 시가 좋아"/이슬에 젖은/엄마 풀잎/풋풋함 자랑하고//풀잎 가족/시 낭송으로/밤은 점점 깊어간다

— 〈풀잎 가족〉 전문

요즘은 시낭송이 대세라고 한다. 시낭송을 잘하려면 시를 제대로 표현하기 위해 지나치게 가식적인 비음이나 쥐어짜는 듯한 목소리는 삼가야 한다. 폭넓은 감동을 이끌어 낼 수 있는 명시를 찾아 많이 읽고 육화해야 한다. 잘 모르는 단어는 사전을 찾아서 확실하게 이해하고 낭송해야 한다. 시를 쓰거나 시를 낭송하는 사람은 순수하고 감성이 풍부하다. 이정희는 시인이기도 하고 시낭송가이기도 하다. 시낭송을 하기 위해 명시를 찾아 애송하다보니, 좋은 시가 어떤 시인지 저절로 깨우치지 않았을까. 꼬리에 꼬리를 물며 시를 외우고, 풀잎 가족도 초대해 같이 시낭송하는 모습을 상상해 보니 저절로 미소가 지어진다. 시낭송은

입으로만 하는 것이 아니라 온몸으로 해야 한다.

장관이다 장관이로다

꽃비 맞으며
양손 벌려 지르는 함성

해석하기 힘든 꽃잎들의 유서
생을 마감하는 처연한 몸부림에
어느 곳에 시선을 둬야 할지

오로지 너의 화려한 자태에
매료된 나의 마음

꽃구름 타고 환상의 세계로
여행할 수 있는 십리벚꽃길
소멸과 생성을 거듭하는
여기가 바로 무릉도원이구나

— 〈십리벚꽃〉 전문

화자는 하동 쌍계사 십리벚꽃길을 다녀 온 모양이다. 보통 여행시는 성공하기 어렵다. 여행의 경험을 나열하거나 풍경을 서술하는 정도에 그치는 시가 많기 때문이다. 그런 시를 읽다 보면 가벼운 여행정보를 얻은 느낌이 들 때가 있다. 이정희의 인용

시 〈십리벚꽃〉은 '장관'으로 시작해서 '무릉도원'으로 마감된다. 대부분의 여행시에서 느낄 수 없는 새로운 감각이 돋보인다. '해석하기 힘든 꽃잎들의 유서' 라는 표현은 보다 명확하고 실감나는 비유이다. 비유는 표현하기 어려운 개념이나 감정을 보다 구체적으로 확실하게 서술하는 방법이다. 시인의 책무는 대상, 상황, 사건을 언어로 표현하는 것인데, 표현을 잘하기 위해서는 비유와 상징 등의 언어를 풍부하게 구사할 줄 알아야 한다.

십리벚꽃길을 걸으며, 처연한 낙화를 보고 함성을 지르면서도 소멸과 생성의 공간에서 이중적인 이미지로 긴장감을 환기시킨다. 시는 언제나 사물과 사물을 비교하는 것이라는 루이스의 말이 떠오른다.

시와 노래와 춤

시와 노래는 서로 떼어내서 설명하기 어렵다. 거기에 춤까지 곁들여지면 금상첨화다. 바람은 소리를 가지고 있다. 그 소리는 곧 노래가 된다. 시를 중심으로 노래가 되고 춤이 된다. 시의 편편마다 흐르고 있는 '노래'라는 시어가 내재하고 있는 아름다운 분위기에 젖어본다. 새롭거나 특별하지 않은 듯 해도 '내 이야기' 같은 시들이 손 내밀어 응원한다. 시는 경험이며 느낌이고 감정이다. 시는 자신의 체험에서 시작해 그 체험을 다른 이야기로 확장시켜 모두의 이야기로 전환해야 하는 노래이다.

휘파람에 실려 온
노래 한 소절
내 마음을
온통 흔들어 버렸다

바람이 스쳐 간
빈자리에
그의 세레나데가
창문을 넘고 있다

담을 넘어가는 덩굴은
그의 향기에 취하고

나도 담장에 기대어
바람의 노래 목놓아 부른다

— 〈바람의 노래〉 일부

뜰 안에 가득 모인
달님 별님

귀뚤귀뚤귀뚤
귀뚜라미 축제

가을밤이
노래로 꽉 찼네

— 〈귀뚜라미들의 축제〉 일부

흐르는 물길 따라
우리의 마음도 따라 춤추고

여수 밤바다 운치에 취해
홍겨운 노래도 저절로 흐른다
— 〈여수 밤바다〉 일부

매미와 새들은
마스크 외면한 채 노래 부르고

화원의 꽃들은
마스크 대신 리본 달고 외출하고
— 〈자유라는 이름으로〉 일부

눈에 밟혀 더 아름다운 추억
내세를 기약하는 슬픈 노래여

온몸에 전율 흐르면 스멀스멀
꿈속에서 본 소꿉놀이 빛난다
— 〈눈에 밟혀서〉 일부

귀뚜라미, 매미, 새, 바람 등은 자연이다. 이 자연은 흥겨운 노래가 되기도 하고, 슬픈 노래가 되기도 한다. 이정희의 시에 자주 등장하는 '시'나 '노래'는 바로 노래이기도 하고 시이기도 한 이중성을 지닌다. 시와 노래를 따로 구분하지 말고 넓은 의미로 시의 범주에 포함시켜 감상한다. 각 편마다 갖추고 있는 상상의 날개를 따라 가다 보면 흥얼흥얼 저절로 노래를 부르게 된다. 시에 내포되어 있는 음악적 요소를 동원해 표현한 시 속에는 이정희의 많은 고민이 담겨 있다.

뜨거운 손길에 솜털이 곤두선다
뼈 으스러지는 소리
용광로 속보다 더 달아오른

— 〈그리워서〉 일부

너는 용광로
나도 뜨거운 사랑하고 싶다

— 〈작은 소원〉 일부

용광로는 높은 온도로 광석을 녹여 철, 구리, 납 등의 금속을 제련하는 가마를 일컫는다. 금속이 녹아서 펄펄 끓는 물처럼 흐르는 모습은 얼마나 놀라운가. 금속을 녹이기 위해서는 용광로의 온도가 일정하게 유지되어야 하므로, 정전 시를 대비해 비상용 자가 발전기를 준비해 놓는다. 용광로가 식지 않도록 끊임없이 노력해야 하듯, 시인은 시에 대한 열정이나 감수성의 온도를 적정 수준 유지하도록 노력해야 한다. 용광로보다 더 달아오른 그리움은 어떤 모습일까. 뜨거운 사랑을 하고 싶은 용광로는 무슨 의미일까. 누군가를 몹시 그리워지는 순간의 떨림과 향기가 감동적인 시로 거듭나는, 용광로 역시 몹시 기다려지는 시가 아닐까. 용광로보다 더 뜨거운 사랑이 방출되는 시를 감상하다 보면 어느 순간, 시와 교감하는 열쇠를 얻게 된다.

이정희의 이런 시들을 읽다보면 일본의 시인, 시바다 도요의 시 〈약해지지마〉 〈비밀〉 등이 떠오른다. 시바다 도요나 이정희는 나이를 초월한 매력을 지향하는 시를 쓰고 있다는 공통점을 지녔다.

있잖아
불행하다고
한숨짓지 마

난 괴로운 일 많았지만
살아 있어 좋았어
너도 약해지지 마

— 〈약해지지 마〉 전문

나, 죽고 싶다고 생각한 적이 몇 번이나 있었어
하지만 시를 짓기 시작하고 많은 이들의 격려를 받아
지금은 우는 소리 하지 않아

아흔 여덟에도 사랑은 하는 거야
꿈도 많아 구름도 타 보고 싶은걸

— 〈비밀〉 전문

아흔 여덟 살에 《약해지지 마》라는 시집을 내면서 일약 스타 시인이 된 시바다 도요의 시는 대체로 짧고 명쾌하며 잠언箴言 같은 시라는 평을 받는다. 특별한 내용이 아닌 일상의 소중함을 그려내는 한편 한편의 시에는 아름다운 추억이나 삶의 지혜를 시에 담았다. 이정희의 시도 대부분 짧다. 짧은 시 안에 우주가 들어 있다. 나이와 관계없는 그들의 열정은 독자로 하여금 고개를 끄덕이게 하면서 공감을 자아낸다.

이정희는 성미가 급하면서도 '느림의 미학, 비움의 미학'도 노래한다. '배부른 들판이 뒤뚱뒤뚱/발걸음이 무겁다//비우고 또 비웠더니 나비가 날고 꽃이 피었다〈비움의 미학〉'라고 겉으로 드러내지 않는 미덕을 엿볼 수 있는 구절이다. 배에 물건을 너무 많이 실으면 무거워지고, 무거우면 흐름이 느려진다. 비우면 비울수록 가볍게 흘러간다. 탐욕을 비우면 마음이 고요해진다. 비우고 또 비우면 무겁던 발걸음도 날아갈 듯 가벼워진다. 얼핏 장자의 가르침 같은 성찰의 교훈을 주는 시이다.

그 외에도 《꽃길만 걸어요》에 들어 있는 시들은 일상의 소재를 자연스럽게 말하듯이 사랑과 아름다움으로 노래한다. 나무, 풀, 꽃, 새, 짐승 등을 의인화하여 자신의 감정을 드러내기도 한다. 관념적이거나 추상적이지 않고 기교보다는 쉬운 언어로 메시지를 전달하는 방법이 이정희 시의 특장特長이 아닐까.

계간문예시인선 167

이정희 _ 꽃길만 걸어요

초판 인쇄 2021년 7월 10일
초판 발행 2021년 7월 15일

지 은 이 이정희
회 장 서정환
발 행 인 정종명
편집주간 차윤옥

펴낸곳 도서출판 계간문예
편집부 03132 서울 종로구 삼일대로 30길 21 종로오피스텔 1209호
주소 03132 서울 종로구 삼일대로 32길 36 운현신화타워 305호
전화 02-3675-5633 팩스 02-766-4052
인쇄 54991 전북 전주시 완산구 공북1길 16, 신아출판사
이메일 munin5633@naver.com
등록 2005년 3월 9일 제300-2005-34호
ISBN 978-89-6554-242-1 04810
ISBN 978-89-6554-118-9 (세트)

값 10,000원